AF320628

LE SYNDICAT PROFESSIONNEL

PEUT-IL

SANS COMMETTRE UN DÉLIT CIVIL

IMPOSER

PAR LA GRÈVE OU PAR LA MENACE DE GRÈVE

A UN PATRON

LE RENVOI D'UN OUVRIER

PAR

A. CROUZEL

DOCTEUR EN DROIT
BIBLIOTHÉCAIRE DE L'UNIVERSITÉ DE TOULOUSE

PARIS

LIBRAIRIE NOUVELLE DE DROIT ET DE JURISPRUDENCE

ARTHUR ROUSSEAU, EDITEUR

14, RUE SOUFFLOT ET RUE TOULLIER, 13

1898

UN SYNDICAT PROFESSIONNEL

PEUT-IL

SANS COMMETTRE UN DÉLIT CIVIL

IMPOSER

PAR LA GRÈVE OU PAR LA MENACE DE GRÈVE

A UN PATRON

LE RENVOI D'UN OUVRIER

UN SYNDICAT PROFESSIONNEL

PEUT-IL

SANS COMMETTRE UN DÉLIT CIVIL

IMPOSER

PAR LA GRÈVE OU PAR LA MENACE DE GRÈVE

A UN PATRON

LE RENVOI D'UN OUVRIER

PAR

A. CROUZEL

DOCTEUR EN DROIT
BIBLIOTHÉCAIRE DE L'UNIVERSITÉ DE TOULOUSE

———

PARIS

LIBRAIRIE NOUVELLE DE DROIT ET DE JURISPRUDENCE

ARTHUR ROUSSEAU, ÉDITEUR

14, RUE SOUFFLOT ET RUE TOULLIER, 13

———

1898

UN SYNDICAT PROFESSIONNEL

PEUT-IL

SANS COMMETTRE UN DÉLIT CIVIL

IMPOSER

PAR LA GRÈVE OU PAR LA MENACE DE GRÈVE

A UN PATRON

LE RENVOI D'UN OUVRIER

On sait de quels procédés les membres des associations ouvrières usent trop souvent envers les travailleurs indépendants et surtout envers ceux qui se sont séparés d'eux après avoir fait partie des mêmes groupes. Ils ne se contentent pas de les montrer du doigt comme des traîtres, de leur prodiguer des épithètes injurieuses, ils tâchent parfois de les déconsidérer aux yeux du public en affichant leurs noms, sous la rubrique de « pilori corporatif » dans les organes de publicité dont ils disposent. Ils vont même plus loin. Ils menacent les patrons de suspendre le travail si les ouvriers qui refusent de s'affilier sont reçus dans leurs ateliers. Ils mettent les chefs d'industrie dans l'alternative de subir une grève ruineuse ou de renvoyer les dissidents, et il n'est pas rare qu'ils réussissent ainsi à priver ces derniers de leurs moyens d'existence (1).

Cette intolérance n'est pas propre aux associations syndicales de notre pays. La plupart des Unions anglaises du bâtiment défendent expressément à leurs adhérents d'accepter tout travail à côté d'ouvriers non unionistes. Au cours de la mission

(1) Charles Chenu, Les syndicats professionnels et le socialisme (*Rev. prat. de dr. industriel*, 5e année, 1897, p. 113 et s.).

en Angleterre dont l'avait chargé le musée social, M. de Rousiers (1) a recueilli de la bouche même des chefs de ces sociétés un essai de justification de cette prétention qu'il n'est pas hors de propos de rapporter ici. C'est grâce aux Unions, disent-ils, que l'ouvrier anglais a vu sa condition s'élever au-dessus de celle des travailleurs des autres pays. Les ressources que le paiement régulier des cotisations a amassées dans leurs caisses; leur discipline sévère, la conduite ferme et prudente de leurs comités exécutifs n'ont pas seulement profité à leurs adhérents, elles ont été utiles à tous. La pression qu'elles ont exercée sur les chefs d'industrie a accru les salaires et réduit les heures de travail pour les dissidents aussi bien que pour les fidèles. Est-il juste que les premiers, c'est-à-dire en général les moins prévoyants, les moins habiles, les moins actifs, bénéficient, sans y contribuer, des sacrifices que s'impose l'élite de la classe ouvrière ? Celle-ci ne le pense pas ; c'est pour cela qu'elle veut contraindre les indépendants à se joindre à elle et à prendre leur part des charges communes.

La même manière de raisonner se retrouve au fond de tous les actes d'intolérance enregistrés par l'histoire. Les unions professionnelles oublient que nul ne peut être contraint de s'associer à une action même utile, si cette action ne constitue pas l'exécution d'une obligation légale. Quand elles s'efforcent de soumettre à leurs lois tous les ouvriers du métier en privant de leur pain ceux qui leur résistent, elles manquent à un devoir de morale et d'équité. Enfreignent-elles aussi quelques dispositions de la loi positive? Les codes offrent-ils aux juges les moyens de prévenir, dans une certaine mesure, les abus de ce genre, sinon en frappant de certaines peines ceux qui les commettent, du moins en obligeant ces derniers à en réparer les conséquences dommageables? Telle est la question que nous nous proposons d'examiner dans ces pages.

Nous ne connaissons aucune décision judiciaire qui ait tranché la question, dans la Grande-Bretagne, contre les Trade-Unions ou en leur faveur. M. de Rousiers pense que, ces asso-

(1) *Le Trade-Unionisme en Angleterre*, Paris, 1897, p. 88.

ciations n'ayant pas comme nos syndicats la personnalité civile,
et ne pouvant par suite ester en justice, la législation anglaise
n'offre pas contre leur tyrannie la même défense que fournit la
nôtre. Impossible, dit-il, à l'ouvrier éloigné d'un atelier parce
qu'il est étranger à une union, d'actionner cette union en dommages-intérêts, comme la chose s'est faite plusieurs fois en
France (1). La raison sur laquelle se fonde cette manière de voir
n'est peut-être pas décisive. Rien ne s'opposerait, en effet, à ce
que cet ouvrier poursuivît les administrateurs ou les membres
de l'Union, ayant occasionné le dommage par leurs démarches,
comme personnellement responsables. Mais la puissance de ces
associations est si bien établie, que les ouvriers n'essaient même
pas, semble-t-il, de lutter contre elles. Dans les métiers du bâtiment, ce genre d'abus est, dans une certaine mesure, entré
dans les mœurs.

Les tribunaux français ont été, au contraire, plusieurs fois
appelés à trancher cette grave question. Quelques décisions
judiciaires ont reconnu aux sociétés ouvrières corporatives le
droit d'intervenir ainsi auprès des patrons et de priver de travail les ouvriers indépendants, et les raisons invoquées à l'appui
de cette thèse ne paraissent pas sans valeur au premier abord.
La jurisprudence toutefois s'est généralement prononcée en
sens contraire ; elle a jugé que le droit était ici d'accord avec
la morale. Nous pensons qu'elle a sainement jugé au fond.
Mais peut-être les arguments sur lesquels elle s'est fondée ne
présentent-ils pas tous une solidité parfaite et laissent-ils
une porte ouverte au doute ? Nous verrons s'il ne serait pas possible d'étayer ses décisions sur une base plus ferme.

§ 1.— *Examen des arguments présentés en faveur de la pré-*
tention des syndicats.

Les décisions judiciaires qui ont affirmé le prétendu droit
des syndicats sont le jugement du tribunal civil de Bourgoin-
Jallieu du 11 janvier 1890 (2), l'arrêt de la cour de Grenoble,

(1) *Le Trade-Unionisme en Angleterre*, p. 93.
(2) Dalloz, 1891,2,242 ; Sirey,1893, 1,42.

confirmatif de ce jugement, en date du 28 octobre 1890 (1), et le jugement du tribunal civil de Lyon du 22 janvier 1892 (2). M. Raoul Jay s'est prononcé dans le même sens (3). On conteste dans cette doctrine que l'article 1382 du code civil, aux termes duquel l'auteur d'un fait dommageable illicite doit indemniser la personne qui en a souffert, soit applicable dans cette hypothèse.

Le syndicat qui fait congédier un ouvrier accomplit bien, dit-on, un acte dommageable, mais il n'accomplit pas un acte illicite. Il ne peut violer le droit d'autrui, car il exerce lui-même un droit qui lui est propre. Dès lors il convient d'appliquer le principe : « *qui suo jure utitur neminem lædit.* » Quelque répugnance qu'on puisse éprouver moralement à accepter cette conclusion, il est impossible, ajoute-t-on, de méconnaître qu'elle est inévitable dans l'état actuel de la législation.

Tel est l'argument capital de la doctrine favorable aux syndicats. Les décisions précitées n'en invoquent pas d'autre en réalité. Ces documents, longuement et soigneusement motivés, tendent uniquement à établir cette vérité : le syndicat a usé d'un droit.

Cette proposition une fois admise, et elle ne manque pas d'une apparence de vérité qui nous a séduit nous-mêmes un instant (4), il paraît bien difficile, en effet, de faire aux syndicats l'application de l'article 1382. Il faudrait admettre pour cela que le brocard, dont nous aurons à dire quelques mots plus tard : « *malitiis non est indulgendum* », traduit encore une vérité légale.

Mais est-il exact que le syndicat use d'un droit quand il impose au patron le renvoi d'un camarade ?

(1) *Rev. prat. de dr. industriel,* 1re année, 1893, p. 78, Dalloz, 1891, 2,243 ; Sirey, 1893, 1,44.
(2) Sirey, 1894, 2,306.
(3) Sirey, 1893, 1, 41.
(4) Voir le travail que nous avons publié dans cette *Revue,* 1893, p. 318. Nous pensions alors qu'un ouvrier isolé est toujours autorisé à demander le renvoi d'un autre ouvrier en menaçant de se retirer lui-même. Un examen plus approfondi de la question nous oblige à abandonner cette manière de voir.

On essaie de l'établir de deux manières :

1° Un ouvrier isolé a, dit-on, le droit, à défaut de conventions spéciales restrictives de sa liberté, de cesser tout travail chez son patron, avec ou sans raison, ou simplement parce qu'il ne lui plaît pas d'avoir à ses côtés un autre ouvrier nommément désigné. Or des ouvriers coalisés, syndiqués, agissant en vertu d'un plan concerté, ont le droit d'accomplir tout acte que l'ouvrier isolé pourrait exécuter lui-même. Ils peuvent donc faire grève ou menacer de suspendre tout travail par suite du refus du patron de se séparer de l'un de leurs compagnons.

Nous ne contestons nullement aux ouvriers syndiqués le droit d'agir en pareille circonstance comme un ouvrier isolé pourrait le faire. Le principal objet des lois de 1864 et de 1884 a été de le leur reconnaître.

Mais quel est donc le droit d'un ouvrier isolé ? Il importe ici d'éviter toute équivoque. Un ouvrier à qui il ne plaît pas d'avoir tel camarade à ses côtés peut, en fait, choisir entre deux partis : il peut ou bien cesser lui-même tout travail, à la condition, bien entendu, d'observer les délais d'usage pour donner congé — personne assurément ne prétendra que cette conduite soit répréhensible — ou bien inviter son patron à opter entre son camarade et lui. Le patron lui préfère-t-il son compagnon, il n'y a aucun intérêt à se demander s'il a lui-même usé d'un droit en prenant ce parti, car il n'a causé aucun préjudice à personne ; il n'a donc pu commettre ni délit ni quasi-délit. Le chef d'industrie opte-t-il, au contraire, en sa faveur et congédie-t-il l'ouvrier désigné : celui-ci subit un dommage et la question se pose de savoir si ce dommage est licite, si celui qui l'a causé a exercé un droit.

Cette question, les décisions ci-dessus l'ont tranchée dans le sens de l'affirmative. Nous essaierons tout à l'heure de prouver que c'est à tort.

2° On a tenté, en second lieu, de prouver le droit des syndicats en invoquant les motifs de la loi du 23 mars 1884 et l'abrogation par cette loi de l'article 416 du code pénal. La coalition, a-t-on dit, n'est pas seulement un droit pour la classe laborieuse, elle répond à une nécessité économique et sociale.

Les ouvriers sans coalition ne pourraient discuter à armes égales les conditions de leur travail. Telle est la pensée qui a inspiré le législateur de 1884. Il s'est, en effet, proposé, cela ressort clairement des débats qui se sont poursuivis pendant plusieurs années à la Chambre et au Sénat, de dégager entièrement le droit de coalition de toutes les entraves qui le paralysaient sous l'empire de la loi de 1864; il a voulu maintenir seulement les dispositions des articles 414 et 415 du code pénal, destinées à assurer le respect de la liberté du travail. C'est pour consacrer d'une manière indiscutable le droit de coalition, qu'il a abrogé l'article 416, le seul dont on eût pu, en pareil cas, invoquer les termes contre les syndicats, puisque seul il punissait comme portant atteinte à la liberté du commerce et de l'industrie, les amendes, les mises à l'interdit et les proscriptions d'atelier. En abolissant cette disposition, il a affirmé nettement le caractère licite de ces proscriptions, de ces interdictions, de ces amendes. Il a fait entrer ces faits dans la catégorie des actes indifférents. Et il les a considérés comme tels non seulement au point de vue pénal, mais encore au point de vue civil, car il eût fait œuvre contradictoire, une fois reconnu et proclamé le principe de la liberté des coalitions sous le nom de syndicats professionnels, s'il avait maintenu le caractère illicite de ce qui est en définitive la mise en action de ce droit.

Ainsi ont raisonné le tribunal civil de Bourgoin-Jallieu, la cour de Grenoble, etc. M. le procureur général Ronjat et M. l'avocat général Desjardins ont fait à cette argumentation une réponse qui n'est peut-être pas décisive. De l'abrogation d'un article de loi qui punit certains faits de l'emprisonnement ou de l'amende, vous concluez, disent-ils, que ces faits sont désormais licites au point de vue civil. Cette conclusion n'est nullement forcée. L'abrogation d'une disposition de la loi pénale prouve, suivant les cas, ou bien que, dans l'intention du législateur, le fait est dépouillé pour l'avenir de tout caractère illicite et ne peut plus motiver aucune poursuite ni pénale ni civile, ou bien que le législateur considère le droit des citoyens comme suffisamment sauvegardé par l'action civile en réparation appartenant à la partie lésée. Elle laisse donc entière la question de droit civil.

Ces réflexions sont parfaitement justes sans doute. Elles prouvent surabondamment la fausseté du raisonnement qui consisterait à dire, sans autre examen : tel fait ne constitue plus un délit pénal, donc il ne constitue plus un délit civil. Mais ce n'est pas ainsi qu'ont raisonné le tribunal civil de Bourgoin et la cour de Grenoble. Pour se rendre compte si l'abrogation d'une disposition pénale rend indifférent au point de vue civil l'acte qui constituait précédemment un délit pénal, il faut évidemment s'inspirer des motifs de cette abrogation. Si le législateur en biffant un article du code pénal s'est proposé de rendre libre pour l'avenir un fait prohibé jusque-là, s'il a pensé que la faculté de l'accomplir répondait à un besoin nouveau ou était exigée par la justice, évidemment ce fait ne peut plus être même un délit civil, sous l'empire de la législation nouvelle. Or les décisions judiciaires dont il s'agit affirment justement qu'il en est ainsi dans le cas qui nous occupe. Elles affirment, avec raison, croyons-nous, que le législateur de 1884, en abrogeant l'article 416, a voulu mettre hors de toute contestation le droit pour les ouvriers de se concerter en vue de la suspension de travail, lorsqu'ils jugent cette mesure utile à la défense de leurs intérêts professionnels ; qu'il a voulu leur permettre d'exercer, dans ces circonstances, sur leurs compagnons, à la seule condition de n'avoir recours ni à la violence, ni à la menace, ni à des manœuvres frauduleuses, la pression nécessaire au maintien de la discipline parmi eux.

La réponse à l'argument tiré de l'abrogation de l'article 416 doit donc être cherchée ailleurs. Elle consiste dans une distinction. Le caractère licite ou illicite des amendes, des interdictions, des proscriptions, est purement relatif. Ces actes sont illicites, nous essaierons de l'établir tout à l'heure, toutes les fois qu'ils tendent à faire de la position, des moyens d'existence, des intérêts d'un tiers, l'une des conditions ou l'un des objets d'un accord intervenu entre le patron et l'association ouvrière ou les ouvriers coalisés. Et il en est de même de la mise à l'index prononcée par un syndicat contre un établissement quelconque sans rapports industriels avec lui, contre un restaurant, contre un café, par exemple (1).

Ils sont généralement licites dans les autres cas. La mise en interdit et l'amende, prononcées contre un patron par les ouvriers qu'il emploie, ne peuvent motiver ni poursuites correctionnelles, ni dommages-intérêts. Il en faut dire autant de l'amende infligée à un membre du syndicat, de la mesure d'exclusion prise contre lui par ses coassociés. Ces faits ne peuvent constituer ni délits criminels, ni délits civils. Est-il nécessaire de le démontrer ? Il suffirait pour cela de reproduire textuellement ici les arguments du tribunal de Bourgoin et de la cour de Grenoble. Car, impropres à établir le prétendu droit des syndicats de faire congédier par la menace de grève un ouvrier dissident, ces arguments nous paraissent irréfutables quand ils sont invoqués à l'appui de la thèse toute différente suivant laquelle ces associations peuvent légitimement mettre une maison patronale en interdit et exclure de leur sein ou condamner à l'amende un de leurs membres (2). Il suffirait de dire que le législateur a évidemment voulu assurer aux ouvriers le droit de se concerter et de manier l'arme de la grève, afin de défendre leurs intérêts professionnels, et que l'organisation de la grève serait impossible, s'il était défendu de faire savoir à tous les ouvriers que la maison contre laquelle la suspension de travail est dirigée doit être considérée comme interdite, qu'elle est mise à l'index. Ajoutons que les chances de succès de la coalition seraient notablement diminuées si le syndicat ne pouvait faire craindre certaines peines disciplinaires à ceux de ses adhérents qui trahiraient la cause commune et refuseraient de se conformer à ses prescriptions.

(1) Dans ce sens : Tribunal civil de Charleville, 7 janvier 1892 ; Cour de Nancy, Dalloz, 1892, 2,433.

(2) Je n'ai pas besoin de dire que le jugement rendu par un syndicat contre l'un de ses membres et frappant celui-ci d'amende, n'a rien de civilement obligatoire.

§ 2. — *Examen et critique des arguments présentés contre le
prétendu droit des syndicats.*

Nous avons essayé de réfuter l'opinion qui reconnaît aux
syndicats le droit de demander aux patrons le renvoi des ouvriers dissidents. Nous devons examiner maintenant les arguments des auteurs et des arrêts qui le leur dénient.

Sont intervenus dans ce sens : l'arrêt de la cour de cassation
du 22 juin 1892 (1), cassant celui de Grenoble du 28 octobre
1890 ; l'arrêt de la cour de Chambéry du 14 mars 1893 (2),
rendu à la suite du renvoi prononcé par ledit arrêt de la cour de
cassation; les arrêts de la cour de Lyon du 2 mars 1894 (3) et
du 15 mai 1895 (4) et les jugements du tribunal de la Seine du
4 juillet 1895 (5) et du 6 novembre 1895 (6). On peut invoquer
encore l'arrêt de la cour de cassation du 9 juin 1896 (7) rendu
dans une affaire concernant non un syndicat mais une coalisa-
tion temporaire. Ont enfin adopté ou proposé la même manière
de voir M. Marcel Planiol (8), M. le procureur général Ronjat (9) et M. l'avocat général Desjardins (10).

Les arguments invoqués sont au nombre de trois. Ils présen-
tent, à notre sens, le défaut commun de ne s'appliquer qu'à des
situations spéciales, et par suite de ne pas donner un principe
général de solution. Deux d'entre eux ont, en outre, celui d'être
en eux-mêmes fort contestables.

Le premier, qui a été surtout développé à propos de l'affaire
de Joost contre le syndicat des imprimeurs sur étoffes de Bourgoin-Jallieu, est tiré de l'article 7 de la loi du 23 mars 1884.

(1) *Rev. prat. de dr. industriel*, 1re année, 1893, p. 81; Sirey, 1893, 1, 48.
(2) Dalloz, 1893, 2, 192; Sirey, 1893, 2, 139.
(3) *Rev. prat. de dr. industriel*, 2e année, 1894, p. 227; Dalloz, 1894, 2,
305 ; Sirey, 1894, 2, 307.
(4) Dalloz, 1895, 2, 310.
(5) *Rev. prat. de dr. industriel*, 3e année, 1895, p. 276; Dalloz, 1895, 2,
312.
(6) *Rev. prat. de dr. industriel*, 3e année, 1895, p. 488.
(7) *Rev. prat. de dr. industriel*, 4e année, 1896, p. 202.
(8) Dalloz, 1892, 2, 305.
(9) Dalloz, 1892, 1, 449.
(10) *Rev. prat. de dr. industriel*, 3e année, 1895, p. 272.

Cet article, dit-on, réserve à tout membre d'un syndicat professionnel « la faculté de se retirer nonobstant toute clause contraire, mais sans préjudice du droit pour le syndicat de réclamer la cotisation de l'année courante ». Que faut-il en conclure ? Ecoutons à ce sujet M. le procureur général Ronjat :

« La loi annule toute clause qui pourrait lier le syndiqué, par conséquent toute sanction de cette clause ; le syndiqué s'est engagé à ne pas sortir du syndicat à peine d'amende ou de toute autre contrainte : la loi déclare qu'il ne doit pas l'amende et qu'on ne peut exercer contre lui aucune contrainte ; que, sauf la cotisation de l'année courante, le syndicat ne peut rien lui réclamer.

« Et la cour de Grenoble déclare que le syndicat peut retenir ou essayer de retenir l'associé qui veut se retirer en faisant fermer les ateliers devant lui, en le privant de travail, en exerçant contre lui la contrainte la plus dure et la plus redoutable ! La loi dit qu'après être entré librement dans un syndicat on peut en sortir aussi librement, sans être tenu de respecter un engagement contraire, formel, écrit, accepté expressément. La cour de Grenoble proclame que celui qui entre dans un syndicat s'engage implicitement à remettre ses moyens d'existence aux mains de ses associés, même pour l'époque où il sera sorti du syndicat et que cet engagement est valable (1). »

Nous rejetons, comme M. le procureur général Ronjat, la doctrine de la cour de Grenoble, mais nous la repoussons pour un autre motif. Ce n'est pas quand elle prétend que l'article 7 de la loi de 1884 n'est pas pertinent, que la cour de Grenoble se trompe. Le vice de son raisonnement n'est pas là. Son erreur consiste à croire que la pression exercée par un syndicat sur la volonté d'un ouvrier dans les conditions dont il s'agit est généralement licite. Pour elle, la faculté de faire ou de ne pas faire partie d'un syndicat est à la vérité une de ces facultés naturelles, auxquelles on ne peut valablement renoncer. Mais tout appel au mobile intéressé destiné à faire adopter par quelqu'un l'un des partis que cette faculté comporte de préférence à tel

_____
(1) Dalloz, 1892, 1, 450.

autre, n'est pas pour cela nécessairement coupable. Attendu, dit-elle, qu'il n'a jamais été demandé à Joost de renoncer au bénéfice de l'article 7 aux termes duquel tout membre d'un syndicat professionnel peut se retirer à tout instant de l'association nonobstant toute clause contraire ; que s'agissant ici d'une simple faculté accordée par la loi, il appartenait à Joost de n'en pas user à telle date et dans telle circonstance ; qu'il appartenait également au syndicat d'influencer en ce sens la volonté de Joost à la seule condition de n'avoir recours à aucun moyen coupable et que les moyens dont il s'est servi n'ont pas excédé ce qui était devenu son droit strict depuis l'abrogation de l'article 416 du code pénal.

Non, dit M. le procureur général Ronjat, cette pression n'est pas licite dans ce cas particulier, car elle tend à anéantir la prescription de l'article 7. Serait-elle donc licite si l'article 7 ne pouvait pas être invoqué, si le syndicat s'était proposé, par exemple, de déterminer Joost à renoncer à l'usage des boissons alcooliques ? L'éminent magistrat ne le dit pas ; mais son argumentation suggère naturellement l'idée de cette conclusion, et voilà pourquoi elle nous paraît dangereuse. Elle est dans tous les cas insuffisante, car elle demeure nécessairement étrangère à toutes les hypothèses où il n'est pas possible de faire intervenir l'article 7.

Toute la question est de savoir si la pression ainsi exercée par un syndicat sur la volonté d'un ouvrier doit être considérée en principe et quel qu'en soit le but, comme licite. La cour de Grenoble le croit. Nous essaierons de prouver tout à l'heure que c'est à tort.

Les réflexions que suggère l'argument tiré de l'article 7 de la loi du 23 mars 1884 se représentent naturellement à propos de celui — c'est le second de la série — qu'on déduit de l'article 3 de la même loi.

« Cet article, a-t-on dit, assigne à l'activité des syndicats, comme unique objet possible, l'étude et la défense des intérêts économiques de leurs membres, intérêts qui pourront être industriels, commerciaux ou agricoles, selon la nature des professions pour lesquelles le syndicat a été fondé. Cette formule est limitative

à cause de l'adverbe *exclusivement* qui figure dans l'article 3.
L'activité des syndicats n'a donc pas un champ illimité (1). »
Et si, comme dans l'affaire Joost, le maintien de l'ouvrier
dissident dans l'usine pas plus que son exclusion ne peut avoir
une influence quelconque sur la hausse ou la baisse des salaires, sur les rapports des ouvriers avec le patron ou sur quelque
autre condition du travail, en sorte que cette exclusion ou ce
maintien soient indifférents au point de vue des intérêts industriels du syndicat (2) ; si, comme dans l'affaire jugée par la cour
de Lyon le 2 mars 1894, le conflit qui motive la demande de
renvoi d'un ouvrier dissident ne se produit pas entre les ouvriers
d'une usine, d'un côté, et le patron, de l'autre, sur une question
intéressant la profession, mais surgit entre ouvriers syndiqués,
entre lesquels le syndicat s'arroge le droit de décider et aux-
quels il a la prétention d'imposer sa volonté en demandant le
renvoi de celui qui lui résiste : alors le syndicat, en décrétant la
grève ou en menaçant de le faire, viole l'article 3 de la loi du
21 mars 1884, il commet un acte illicite et est responsable du
dommage causé.

Mais n'y a-t-il pas encore quelque imprudence à invoquer
cet argument contre les syndicats ? Supposons qu'une association de ce genre demande le renvoi d'un ouvrier parce qu'il
travaille au-dessous du tarif corporatif. Nul ne contestera qu'en
faisant grève pour ce motif, les membres d'un syndicat pour-
suivent un intérêt professionnel (3). Les coalisés agissent donc
cette fois dans les limites de la loi de 1884, ils n'en violent
aucune disposition. En conclura-t-on que le dommage causé à
l'ouvrier soit licite ? La conséquence serait inévitable si la décision de la jurisprudence avait pour base principale l'article 3.
Cette conclusion est si logique, que l'un des maîtres qui ont le
plus honoré la faculté de droit de Toulouse, M. Huc, n'a pas
hésité, après avoir adopté le principe, à accepter aussi la con-

(1) Planiol, sous Lyon, 2 mars 1894 (Dalloz, 1894, 2, 305).
(2) Voy. Chambéry, 14 mars 1893 (Dalloz, 1893, 2, 192).
(3) Ils peuvent dire qu'en faisant expulser des ateliers un ouvrier qui accepte des salaires trop bas ils assurent pour l'avenir le respect du tarif par
quiconque serait tenté de l'enfreindre.

séquence. Parlant de l'affaire Joost, il reconnaît que le syndicat avait outrepassé ses droits, mais il ajoute : « Il ne faudrait
pas généraliser la solution de la cour de cassation, car on peut
concevoir une semblable menace d'interdit adressée à un patron dans un intérêt professionnel (1). » Nous sera-t-il permis
de nous séparer sur ce point de l'éminent commentateur du
code civil ? L'existence d'un intérêt professionnel ne suffit pas
à légitimer l'intervention d'un syndicat dans les affaires particulières d'un ouvrier, et à rendre licite le dommage que cause
cette intervention ; c'est parce qu'elle part du principe opposé, que la doctrine, rigoureusement logique, de M. Huc,
nous semble devoir être rejetée ; et c'est parce qu'il implique
l'adoption de ce principe que le raisonnement de l'honorable
M. Planiol et de la cour de Chambéry nous paraît dangereux.
Il offre une arme redoutable aux adversaires de la cause que
la jurisprudence s'efforce de faire triompher et qui est, à notre
sens, celle de la justice (2).

Un troisième argument a enfin été formulé dans le même sens.
Pour prouver qu'un syndicat ne peut pas légitimement demander, sous menace de grève, le renvoi d'un ouvrier dissident,

(1) *Commentaire du code civil*, t. 8, p. 538.
(2) Un syndicat professionnel commet, croyons-nous, un délit ou un quasi-
délit quand il exige le renvoi d'un compagnon, quel que puisse être l'intérêt
professionnel qui détermine sa démarche. Mais la solution ne serait pas
la même si le syndicat demandait non l'expulsion d'un ou de plusieurs ouvriers travaillant au-dessous du tarif, mais l'adoption par le patron d'un
tarif uniforme pour tous les ouvriers ou pour telle catégorie d'ouvriers. Si
le patron, en pareil cas, refusait d'égaliser les salaires et jugeait préférable
de congédier le ou les ouvriers à salaires réduits, ceux-ci n'auraient aucune
action contre le syndicat. Car le droit le moins contestable d'une association
ouvrière est assurément celui de négocier avec le patron les conditions du
contrat collectif de travail. Si donc par une conséquence indirecte, accidentelle des pourparlers intervenus, si par suite d'une détermination du patron
que le syndicat n'a ni cherchée, ni voulue, et que le patron pouvait éviter de
prendre sans courir le risque d'une grève, certains ouvriers sont congédiés,
ces ouvriers ne peuvent être considérés que comme les victimes d'un cas
fortuit ou de force majeure. Il conviendra seulement dans toutes les causes
de ce genre de se demander, indépendamment de la forme donnée à la demande, si le véritable but du syndicat a été d'obtenir l'unification du tarif
ou le renvoi de certains ouvriers (cpr. Trib. civ. de Lyon, 16 décembre 1896,
Rev. prat. de droit industriel 1897, p. 156).

BIBLIOTHÈQUE NATIONALE
B. N.
IMPRIMÉS

on a mis en avant le vieux brocard : *malitiis non est indul-*
gendum. M. le procureur général Ronjat s'est exprimé à ce
sujet de la manière suivante.

« Il faudrait se demander si ces actes, licites en eux-mêmes,
ne prenaient pas le caractère d'une faute par les circonstances
dans lesquelles ils se produisaient et par le but que leurs auteurs se proposaient d'atteindre.

« L'usage d'un droit cesse d'être licite et engendre une action en dommages-intérêts lorsqu'il a pour unique mobile la
volonté de nuire à autrui. »

Cette doctrine peut s'appuyer sur la loi I, § 12, Dig. *de Aqua,*
et sur l'autorité de nos anciens auteurs. Elle compte des par-
tisans parmi les commentateurs les plus estimés du code civil.
Mais elle compte aussi parmi eux des adversaires. Demolombe
l'a combattue dans plusieurs passages de son Cours. Outre
qu'elle ne trouve aucun point d'appui dans les textes actuel-
lement en vigueur, on peut lui reprocher de laisser au juge
une liberté d'appréciation excessive, qui compromettrait, dans
une certaine mesure, les droits en apparence les mieux établis.
Si le dommage que je cause en exerçant un droit peut motiver
une action en justice contre moi, si les tribunaux peuvent
intervenir pour rechercher le but que j'ai pu poursuivre en en
faisant usage, ce droit n'est réellement plus entier.

Mais nous ne pouvons faire ici de cette question un examen
approfondi et nous avons hâte d'en venir à une observation
commune aux trois arguments qui viennent d'être exposés et
combattus. Ils tendent uniformément à prouver que toutes les
grèves, toutes les menaces de grève ne sont pas licites. C'est
d'ailleurs ce qu'ont positivement affirmé la cour de cassation
et après elle M. Planiol, quand ils ont dit que la menace de
grève peut être illicite, à raison de l'objet auquel elle est em-
ployée (1).

La grève, la menace de grève seraient donc illicites quand
elles ont pour but de faire rentrer un ouvrier dans un syndicat,
car elles tendent à priver ce citoyen d'une liberté que la loi a

____

(1) *Revue pratique de droit industriel,* 1893, p. 81 ; Dalloz, 1894, 2, 305.

voulu expressément lui réserver dans l'article 7. La grève, la menace de grève seraient illicites quand elles ont un objet différent de ceux que la loi assigne dans l'article 3 à l'activité des syndicats. La grève, la menace de grève seraient enfin illicites quand elles ont pour objet de nuire à quelqu'un.

Et voici la conséquence à laquelle conduirait fatalement une semblable doctrine. Si la grève, si la menace de grève sont illicites en pareil cas, elles donnent naissance, en faveur de toute personne qui en souffre, à une action en dommages-intérêts ; car les conditions requises pour l'application de l'article 1382, à savoir le dommage et le caractère illicite de l'acte, se trouvent réunies. Le patron qui est généralement le premier atteint par le chômage volontaire des ouvriers pourra donc exiger une indemnité du syndicat qui l'aura décrété, si celui-ci s'est proposé soit de faire congédier un ouvrier, soit d'obtenir telle réforme législative, — on sait qu'il y a quelques années, la Belgique a été le théâtre d'une grande grève dont le but était d'obtenir l'établissement du suffrage universel, — soit de tirer vengeance d'un tort, imaginaire ou réel, de ce patron à l'égard de ses ouvriers. Cette conclusion, à laquelle il serait impossible d'échapper s'il était permis de distinguer deux sortes de grèves, les grèves licites et les grèves illicites, est-elle admissible ?

Nous pensons, au contraire, que, considérées en elles-mêmes, la grève, la menace de grève constituent toujours l'exercice d'un droit de la part des ouvriers. A deux reprises, par deux lois longuement préparées, le législateur a proclamé la liberté des coalitions et des grèves. Il n'est pas permis de revenir sur sa décision. Il faut renoncer, en y introduisant des tempéraments qui annihileraient progressivement le principe, à retourner au régime restrictif que les pouvoirs publics ont voulu abolir. Le droit de grève existe et doit exister indépendamment du mobile qui fait agir les grévistes. Reconnaissez à la justice le droit d'intervenir sous prétexte d'apprécier ce mobile, autorisez-la à décider que telle grève est légitime et telle autre illicite, la liberté des coalitions n'existera réellement plus. Un droit ne peut être considéré comme tel quand son titulaire n'est pas le seul juge de l'intérêt qu'il peut avoir à l'exercer.

Si nous croyons qu'une action en dommages-intérêts appartient à l'ouvrier renvoyé dans les conditions qui nous occupent, ce n'est pas de la grève ou de la menace de grève que naît cette action, c'est de la convention entre patrons et ouvriers qui est cachée dessous, c'est du marché illicite dont la position et les moyens d'existence de l'ouvrier ont fait réellement l'objet.

Là est la raison de décider. Ce n'est ni à l'article 7 de la loi du 23 mars 1884, ni à l'article 3, ni au brocard contesté : *malitiis non est indulgendum*, c'est aux principes du droit commun qu'il faut la demander. Le tribunal civil de Bourgoin et la cour de Grenoble estiment qu'un syndicat a le droit absolu soit de décréter la grève, soit de menacer le patron d'une suspension de travail et que nul ne peut lui demander compte du but qu'il poursuit en le faisant. Cela est parfaitement exact ; il faut seulement noter que si la grève, la menace de grève couvrent un acte devant être considéré comme illicite quand il se produit en dehors d'elles, elles ne peuvent avoir la vertu de le rendre licite quand il les accompagne. La circonstance qu'il se dissimule sous un conflit industriel ne peut en changer la nature juridique. Or l'acte réellement accompli par le syndicat dans l'hypothèse prévue, l'acte qui se cache sous la grève ou sous la menace de grève, est essentiellement illicite. En quoi consiste-t-il en effet ? Le syndicat a fait de la position et des moyens d'existence d'une personne l'objet ou la condition d'une convention qu'il formait avec le patron. Il nous reste à démontrer qu'il n'en avait pas le droit.

§ 3. — *Un nouvel argument contre le prétendu droit des syndicats.*

Nous avons dit que la jurisprudence a résolu la question étudiée dans ce travail de la manière la plus conforme aux principes du droit, aussi bien qu'à ceux de l'équité et de la morale, que sa décision est inattaquable au fond, mais que les motifs invoqués par elle ne sont pas d'une solidité parfaite. Et nous avons tenté d'en montrer l'insuffisance ou l'inexactitude. Nous avons ainsi terminé la partie critique, par suite la partie relativement facile de notre tâche. Il nous reste à aborder maintenant la partie vraiment délicate : après avoir essayé de renverser l'édifice, nous devons tenter de le relever en le faisant reposer sur une base plus résistante.

Dans cette question qui, à la vérité, intéresse surtout les syndicats et la classe ouvrière, on n'a peut-être pas assez fait abstraction de la qualité des parties en cause. Les uns ont pu, en conséquence, se laisser influencer sans le vouloir par leurs sentiments favorables à l'institution syndicale, les autres par les craintes que cette institution inspire dans certains milieux. Afin de nous affranchir autant que possible de toute préoccupation de ce genre et de transporter le débat sur un terrain parfaitement neutre, nous examinerons une situation qui, tout en présentant une entière analogie avec celle sur laquelle la jurisprudence a été appelée à se prononcer, soit cependant régie exclusivement par les principes du droit commun, et nous nous demanderons quelle est la décision que doivent nous dicter ces principes.

Un journalier a-t-il le droit de demander à son maître le renvoi d'un autre journalier qui travaille avec lui en menaçant de se retirer lui-même si sa demande n'est pas accueillie? Peut-il dire à son maître : Le travail à côté de mon camarade m'est désagréable ; choisissez entre ses services et les miens? L'ouvrier congédié à la suite d'une semblable menace ne peut-il pas, au contraire, se prévaloir de l'article 1382 et exiger en justice la réparation du dommage qu'il a subi?

Suivant cet article, tout fait dommageable oblige son auteur à indemniser celui qui en a souffert, à moins qu'il ne constitue l'exécution d'une obligation légale ou l'exercice d'un droit. Il ne peut être ici question de l'exécution d'une obligation légale. Voyons donc si la menace dont il s'agit peut constituer l'exercice d'un droit.

Trois sortes de droits peuvent appartenir à un individu :

Ce sont d'abord les droits réglementés par la loi civile ; ils sont eux-mêmes de trois sortes : les droits personnels proprement dits, issus des liens du sang ou de l'incapacité protectrice, les droits réels et les droits de créance.

C'est ensuite le droit pour tout homme de se défendre, de défendre autrui, et enfin de défendre la société en dénonçant celui de ses membres qui se rend coupable d'un crime ou d'un délit.

Du moment qu'il exerce l'un quelconque de ces droits, l'individu n'a nullement à se préoccuper des conséquences dommageables de ses actes. Mais quel est celui d'entre eux dont peut se prévaloir le journalier qui obtient, dans les conditions indiquées, le renvoi de son camarade ? Il ne peut arguer d'aucun, si ce n'est peut-être de celui de se défendre ; nous reviendrons sur les cas exceptionnels où il en peut être ainsi. Mais nous supposons en ce moment que le camarade contre lequel la menace de grève est dirigée a une conduite irréprochable, que le droit de légitime défense, par conséquent, ne peut être allégué.

Enfin un individu peut se prévaloir du droit très vague, très étendu, mais non sans limites, d'user à son gré de sa liberté, suivant ses intérêts, ses goûts, ses passions, ses caprices. Mais la limite que ce droit comporte est justement la condition de ne nuire à personne.

En sorte que l'on peut formuler cette règle : en dehors des cas déterminés où il use d'un des droits qui composent les deux premières catégories indiquées ci-dessus, l'individu ne peut pas s'occuper légitimement de la personne privée de son voisin de manière à lui nuire. Voilà pourquoi je n'ai pas le droit de dire que tel homme a subi une condamnation, quoique le fait soit exact, si cette parole peut occasionner à cet homme un préjudice pécuniaire ou moral. Voilà pourquoi je ne suis pas autorisé à dire à une personne : Le journalier que vous employez, je l'ai eu à mon service et je l'ai renvoyé pour fait d'indélicatesse. Et de même que je ne peux légitimement faire usage du nom d'un tiers, considéré comme personne privée, dans mes conversations, dans mes écrits, si ce n'est d'une manière indifférente ou utile aux intérêts de ce tiers, de même, et j'arrive ainsi à la proposition fondamentale de ma thèse, il m'est interdit de faire intervenir son nom dans les affaires que je traite, si cela peut être la source d'un préjudice pour lui. Je n'ai pas le droit de dire à mon débiteur dont la dette est échue : je vous poursuivrai immédiatement si vous ne renvoyez votre domestique qui m'a déplu, je vous accorderai un délai si vous vous séparez de lui. Je n'ai pas le droit de dire à un propriétaire : vous possédez un champ situé à deux mètres des croisées de X. Si vous élevez un mur sur la limite qui sépare votre propriété de la sienne (vous êtes légalement autorisé à le faire) et si vous lui faites perdre ainsi la vue dont il jouit, je m'engage à verser telle somme entre vos mains. Un journalier excède les limites de son droit, s'il dit à son maître : renvoyez mon camarade ou j'abandonne moi-même le travail chez vous. Pour se soustraire à un contact qui lui est désagréable, il peut se retirer en observant les délais d'usage ; il ne peut faire congédier le compagnon qui lui déplaît.

Ne serait-il pas étrange qu'il en fût autrement ? La loi investit d'une action en justice celui dont l'honneur a subi la moindre atteinte, celui dont l'amour-propre a été blessé par une simple injure verbale, et elle refuserait toute réparation à celui que son ennemi a privé par un marché honteux de ses moyens d'existence. Je ne pourrais pas par une parole imprudente, mais vraie au fond, lui faire perdre la position qui le fait vivre, et je pourrais acheter cette position à son maître à prix d'argent !

Nul n'est autorisé à s'occuper d'autrui de manière à lui nuire en dehors des cas spécifiés par la loi. C'est par application de ce principe de morale sociale que le droit anglais frappe de peines analogues à nos peines correctionnelles les personnes qui conviennent ensemble de ne plus s'adresser à tel fournisseur.

Trouvera-t-on étrange que la convention dont il s'agit et qui est nulle légalement, cela n'est pas douteux, soit qualifiée ici de délit civil ? Rien n'est plus naturel cependant. Un contrat constitue toujours un fait vis-à-vis des tiers ; il n'est même pas autre chose pour les parties quand il est, comme dans l'hypothèse présente, frappé de nullité. Ce n'est pas comme contrat que la partie lésée le considère ; comme tel, il est « *res inter alios acta* » ; il ne peut légalement lui nuire. Il le critique comme fait et à ce titre il doit être assimilé à tous les autres faits. S'il est dommageable et illicite, il constitue un délit ou un quasi-délit civil.

Dira-t-on que le maître a le droit de congédier son journalier, le créancier celui de poursuivre son débiteur, que, par conséquent, ce maître, ce créancier, ne commettent aucun délit civil, et que, s'il en est ainsi, celui qui les pousse à agir ne saurait en commettre davantage, car si un fait est innocent celui qui en est l'instigateur, qui s'en fait le complice ne saurait être coupable ?

Le créancier, le maître n'accomplissent pas, il est vrai, des actes illicites, l'un en exerçant des poursuites contre un débiteur, l'autre en congédiant un ouvrier. Ces actes peuvent être blâmables au point de vue moral ; ils sont irréprochables en droit, car le créancier qui poursuit son débiteur, le maître qui se sépare de son serviteur n'ont de compte à rendre à personne de leur conduite. Ils peuvent obéir aux mobiles les plus méprisables, la loi ne saurait prendre ces mobiles en considération ; elle ne reconnaît d'autres causes aux poursuites exercées par l'un, au congé donné par l'autre, que la volonté souveraine d'où cette décision émane. En fait, ces poursuites, ce congé, sont motivés par l'accord qui a été conclu ; en droit, ils ne peuvent être considérés comme tels, par rapport au maître, ou au créancier. Et, par conséquent, ceux-ci ne peuvent être coupables d'un délit ou d'un quasi-délit.

Mais la conclusion ne saurait être la même relativement à celui qui, par des promesses ou des menaces, a déterminé ces poursuites ou ce renvoi. Nous ne sommes pas ici dans le domaine du droit pénal, et il ne peut être question d'appliquer les principes de la complicité.

Nous sommes en présence de cette règle de morale et de droit que nul n'est autorisé à intervenir d'une manière nuisible dans les affaires des autres ; que les intérêts, l'honneur, la personne d'un être humain sont choses sacrées auxquelles nul n'a le droit de toucher en dehors des cas où la loi autorise formellement à le faire. Et il s'en suit nécessairement que quiconque achète la position d'un autre ou détermine contre lui des poursuites judiciaires par des promesses, viole un droit et accomplit un acte illicite. Un dommage résultant de cette violation du droit, l'auteur tombe sous le coup de l'article 1382.

Ces principes s'appliquent d'eux-mêmes à la question qui s'est posée relativement aux syndicats. Sous la grève, sous la menace de grève qui ont motivé le renvoi d'un ouvrier, se cache de la part du syndicat une pollicitation qui pourrait être ainsi formulée : « Nous avons le droit de suspendre le travail dans votre maison, à la condition d'observer les délais d'usage. Hé bien ! nous ne le suspendrons pas, nous renouvellerons par tacite reconduction le contrat de louage qui nous lie envers vous, si vous renvoyez tel de nos camarades qui ne s'est pas soumis à nos injonctions. » Ou bien encore : « nous reprendrons le travail dans vos ateliers aux conditions anciennes, mais de votre côté vous congédierez ce camarade. » Si le patron accepte, si l'accord se conclut, la position de l'ouvrier devient l'objet d'une convention, d'un marché, exactement comme dans les cas que nous examinions tout à l'heure, et si cet accord est exécuté, si l'ouvrier est renvoyé, il y a délit civil imputable au syndicat.

Qu'on ne dise pas : en menaçant de faire grève ou de prolonger une suspension de travail, le syndicat menace d'user ou use réellement d'un droit, donc il ne commet pas un délit. Sans doute, il a le droit de faire grève pour imposer au patron telles conditions intéressant la profession qui lui paraissent convenables, et il n'est en aucun cas responsable du dommage qu'il cause ainsi soit directement à ce patron, soit indirectement à des tiers en relations d'affaires avec lui ; mais il cesse d'user d'un droit lorsqu'il propose comme condition du contrat de louage à renouveler le sacrifice de la position d'un ouvrier nommément désigné ; car il trafique ainsi des moyens d'existence d'autrui, il intervient, en dehors des conditions légales et d'une façon préjudiciable, dans les affaires d'un tiers.

Ainsi le droit commun condamne la prétention des syndicats. Pour pouvoir décider qu'en faisant exclure des ateliers les ouvriers dont elles croient avoir à se plaindre, ces associations exercent un droit, il serait nécessaire de trouver dans le texte ou dans l'esprit d'une loi spéciale une raison particulière de déroger aux principes généraux, et la législation française ne contient aucune disposition semblable.

Nous avons réservé le cas où un individu — et il en peut être de même d'un syndicat — ne fait en demandant le renvoi d'un compagnon qu'user du droit de légitime défense. Supposons, en effet, que le contact d'un ouvrier querelleur, violent, rende le séjour dans l'atelier commun insupportable à l'un de ses camarades. Si celui-ci le fait renvoyer en menaçant son patron d'aller chercher lui-même du travail ailleurs, il échappe, croyons-nous, à tout reproche. Tous les ouvriers ayant également le droit de travailler, on ne peut raisonnablement demander à celui dont la conduite ne laisse rien à désirer de se laisser évincer par celui qui manque à ses devoirs.

Dans les affaires de ce genre, il pourra donc y avoir une question de fait à examiner et nous concevons à la rigueur — le cas sera sans doute assez rare — que les circonstances obligent le juge à se prononcer contre l'ouvrier congédié, en faveur du syndicat. Notons seulement qu'il ne fera alors qu'appliquer encore le principe : *Nul n'est autorisé à causer un dommage à autrui en dehors des cas spécialement prévus par la loi*; car il se trouvera justement en présence d'un de ces cas exceptionnels où le défendeur n'a occasionné un préjudice qu'en exerçant un droit reconnu.

Imp. G. Saint-Aubin et Thevenot. — J. Thevenot, successeur, St-Dizier (Hte-Marne)

Imp. G. Saint-Aubin et Thevenot. — J. Thevenot, successeur, Saint-Dizier (Hte-Marne)

www.ingramcontent.com/pod-product-compliance
Ingram Content Group UK Ltd.
Pitfield, Milton Keynes, MK11 3LW, UK
UKHW021715090726
13657UKWH00005B/2256